CÓMO SER UN HOMBRE NEGRO EXITOSO

Escrito por **Daniel Laroche**
Ilustrado por **James Christy Bazile**

Publicado por Daniel Laroche MD
49 West 127th Street Nueva York, NY, 10027
dlarohcemd@gmail.com
Número de control de la Biblioteca del Congreso: 2021920990
ISBN # 979-8-9851110-1-9
Publicado en los Estados Unidos

Reconocimiento

Deseo extender mi agradecimiento a mi difunto padre Daniel Laroche MD Sr de Port au Prince, Haití y a mi madre Lise Beaulieu Laroche de Montreal, Canadá por su amor y por su guía a lo largo de mi vida para brindarme mejores oportunidades de éxito. Deseo reconocer a los ya fallecidos Dr. Ivan Van Sertima, Dr. John Henrik Clarke y Dr. Yosef Ben Jochannan. Sus obras literarias académicas sobre el origen africano y la historia de la espiritualidad, la ciencia y la cultura han sido tremendamente inspiradores en mi éxito y conocimiento de mí mismo. Si aún no ha leído sus trabajos, le animo a que lo haga. También me gustaría agradecer las enseñanzas académicas de Jabari y Anika Osaze con el Santuario de MAAT por su trabajo en la reconstrucción del legado kemético. Finalmente, quiero agradecer a mi esposa Marjorie y a mis hijos Ariel y Gabrielle por su amor y apoyo. Que este libro sea el comienzo de su trayectoria para aprender más sobre la gloriosa historia del valle del Nilo, Kemet y Kush e incorporar las enseñanzas de nuestros antepasados hacia su éxito personal y social.

Mi nombre es rey Menes.
Yo vivo en el año 3,000 a.e.c. o antes
de la era común.
Yo soy el primer rey de Kemet y
Kush (conocido ahora como Egipto en
África que unificaba el norte y sur
en un reino.
Es importante conocer tu historia y
tu valía.

¿Sabìan que la civilizaciòn comenzò en Àfrica?

Todos somos descendientes de la mujer negra conocida como Lucy de la tierra que ahora llamamos Etiopía, antes conocida como Kemet y Kush.

- La civilización empezó en África hace 200,000 años.
- 150,000 años atrás sus habitantes comenzaron a salir de África para poblar el resto del mundo.
- Mientras las glaciares se derretían, el continente de África se conectaba a Mesopotamia permitiendo la migración.
- África proveyó la fundación para la ciencia, la tecnología, la religión y la vida.
- Todos tenemos algún porcentaje en nuestro ADN que viene de África.

La gente negra eran reyes del valle del Nilo y de Kemet y son hoy líderes en África

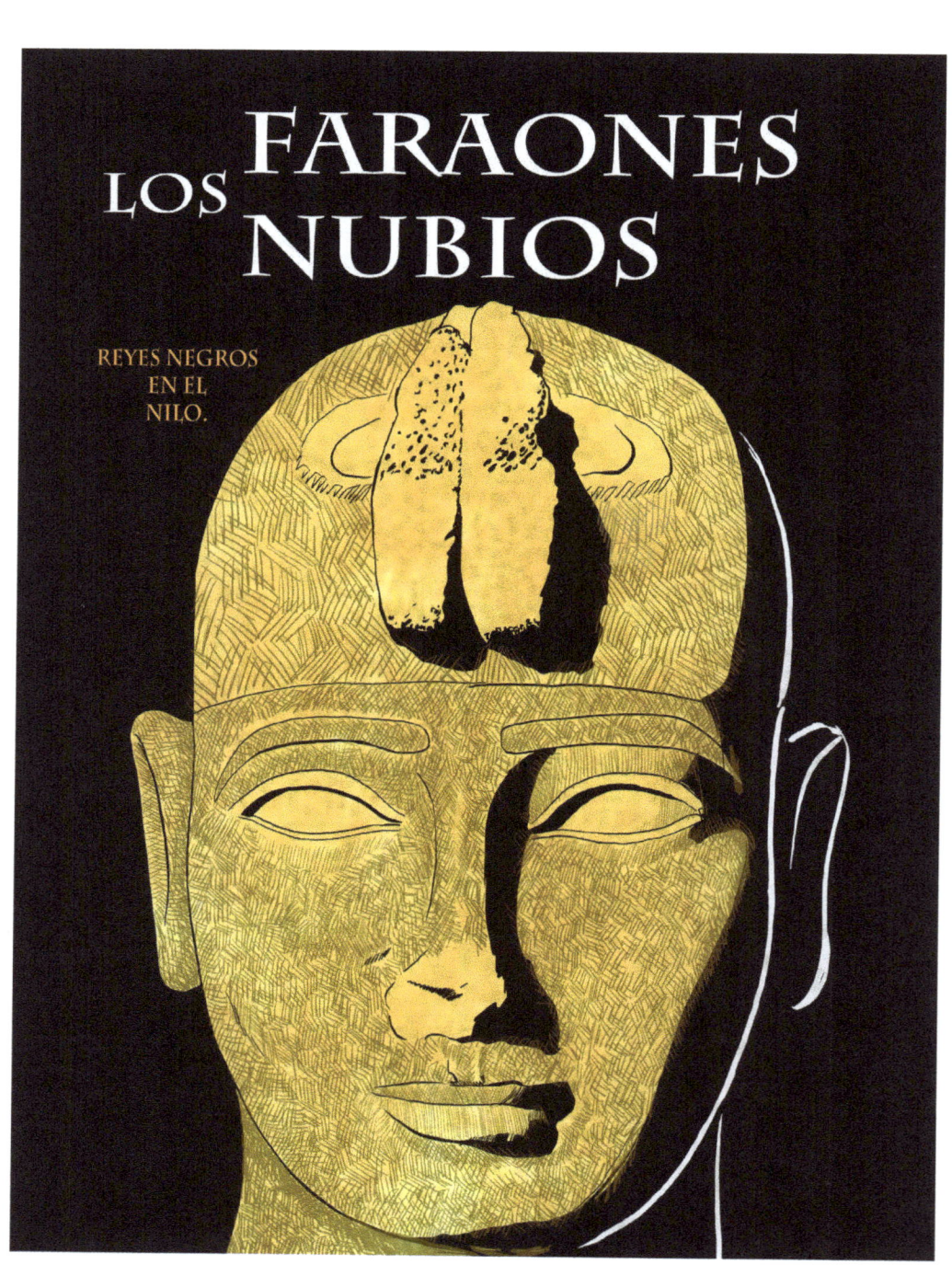

LOS FARAONES NUBIOS

REYES NEGROS EN EL NILO.

LA RELIGIÒN ES UNA PARTE IMPORTANTE DE
NUESTRA SOCIEDAD Y TIENEN QUE SABER QUE
SE ORIGINÒ DE LOS SISTEMAS DE CREENCIAS Y
ESPIRITUALIDAD EN ÀFRICA

- Amun (ahora decimos Amen) fue el original
  dios poderoso en África.
- La primera Trinidad fue Ausar, Auset y Heru.
- Esto evolucionó al judaísmo y al cristianismo.

Auset
Isis
La virgen María

Ausar
Osaris
Espíritu Santo

Heru
Horus
Jesús

• Akhenaten era el fundador de monoteísmo, la creencia en un dios, el dios del sol.

• El Ankh era la cruz original en África.

¿Sabían que MAAT tenía 42 amonestaciones o mandamientos y que MAAT se originó en África?

- Estas enseñanzas existieron por 2,000 años antes de los diez mandamientos de Moisés.
- MAAT fue una deidad femenina.
- MAAT formó la fundación del judaísmo, cristianismo y el islam y de otras religiones del mundo que han surgido desde entonces.

Es importante conocer sus raíces

- Primero y ante todo, deben saber que vivimos en un mundo que enseña la doctrina falsa de la supremacía blanca.
- Alrededor del mundo, las escuelas enseñan con imágenes de un Dios blanco y un Jesús blanco.
- Las escuelas, los medios de comunicación y la sociedad enseñan y promueven la falsedad de que los blancos son más inteligentes que los negros, y que los negros solo eran esclavos y no fundadores de la civilización en África.
- La supremacía de los blancos fue configurada para explotar a la gente de color.

¿Por qué es importante conocer la verdad sobre nuestras raíces?

- Cuando estás consciente de esta creencia artificial de la supremacía blanca no hay baja autoestima.
- Te sentirás con más confianza.
- Te sentirás más seguro y podrás navegar mejor tu camino hacia el éxito y la prosperidad.

Un gran número de líderes históricos marcharon contra los negros

"Mi decisión de destruir la autoridad de los negros en San Dominique (Haití) no es tanto en consideración del comercio y dinero, más para la necesidad de obstruir para siempre la marcha de los negros en el mundo."

-Napoleón Bonaparte-

¿Es importante tener un sentimiento fuerte de autoestima?

- Con la enseñanza falsa y promoción de la suprem acía blanca, algunos sienten que actuando como blancos serían más aceptados y menos discriminados.

La religión moderna se ha corrompido

- Muchas personas blancas continúan prácticas raciales discriminatorias contra negros hoy en día y niegan la fundación africana de la civilización.

Atentos a la descripción de la esclavitud en la Torá

• La biblia hebrea contiene dos conjuntos de normas gobernando esclavos: un conjunto para esclavos hebreos (Lev. 25:39-43) y otro para esclavos cananeos (Lev. 25:45-46). La fuente principal de esclavos no hebreos eran los prisioneros de guerra.

• Los esclavos hebreos, en contraste a los esclavos no hebreos, se convirtieron en esclavos por la pobreza extrema (en este caso ellos se vendían a si mismos a un dueño israelita) o por su inhabilidad para pagar una deuda.

• En los mandamientos de MAAT no existe la esclavitud.

ESTÉN CONSCIENTES DEL PLAGIO Y CORRUPCIÓN DEL SISTEMA ESPIRITUAL AFRICANO

El faraón Amenemhat sentado frente a las sagradas velas Amen-Ra.

Las velas de Kwanza son una restauración moderna de las velas africanas de Amen-Ra.

Los africanos hebreos tenían velas Amen-Ra que se vinieron a conocer como velas Men-o-Ra.

16

• Muchos cristianos han practicado el robo de tierras de los pueblos indígenas nativos y practicaron la esclavitud y el colonialismo contra los negros. Ellos también crearon a Jesús como una imagen blanca del hijo de dios.

¿SABÍAN QUE LA ESCLAVITUD ES MENCIONADA EN LA BIBLIA?

• Efesios 6:5: "...Esclavos, obedece maestros terrenales con respecto y temor y sinceridad de corazón como le mostrarías a cristo. Y harlo no para compadecer los mientras te velan, pero como sirvientes de cristo, haciendo la voluntad de dios de tu corazón..."

¿SABÌAN QUE DE ACUERDO CON EL CORÀN ISLAM PERMITÌA LA ESCLAVITUD?

• El profeta Muhammad tenía esclavos y ellos incluían a Safivya bin Huyayy, quien el liberó y con quien se casó, María al-Qibtivva, dada a Muhammad por un oficial del imperio Sasánida, quien el liberó y quien puedo haberse convertido en su esposa, Sirin, la hermana de María, quien el liberó y casó con el poeta Hassan bin Thabit y Zayd ibn Harithah, quien Muhammad liberó y adoptó como hijo.

¿Sabían que muchos musulmanes han robado tierra de los africanos y practican en Libia la esclavitud moderna contra los negros?

¿ES IMPORTANTE APRENDER Y SABER LAS LEYES DE MAAT?

En el capítulo 125 del Papiro de Ani, encontramos al peticionario dirigido por Anubis al reino de Duat y pronunciando su 42 declaraciones afirmativa, enumeradas a continuación de la traducción de dominio público de Budge de los 42 principios divinos de MAAT:

- No he cometido pecado.
- No he cometido robo con violencia.
- No he robado.
- No he matado a hombres ni a mujeres.
- No he robado comida.
- No he estafado ofrendas.
- No he robado de dios/diosa.
- No he dicho mentiras.
- No me he llevado la comida.
- No he maldecido.

Ankh
Símbolo
de la Vida

ESTAS ENSEÑANZAS PROVEEN UNA GRAN BASE ESPIRITUAL:

- No he cerrado mis oídos a la verdad.
- No he cometido adulterio.
- No he hecho llorar a nadie.
- No he sentido pena sin razón.
- No he agredido a nadie.
- No soy farsante.
- No he robado la tierra de nadie.
- No he sido un espía.
- No he acusado falsamente a nadie.
- No he estado enojado sin razón.
- No he seducido a la mujer de nadie.

Estas enseñanzas proveen una gran base espiritual:

- No me he contaminado.
- No he aterrorizado a nadie.
- No he desobedecido la ley.
- No he estado exclusivamente enojado.
- No he maldecido a dios ni diosa.
- No me he portado con violencia.
- No he causado alteración de la paz.
- No he actuado apresuradamente o sin pensar.
- No he sobrepasado mis límites de preocupación.

ESTAS ENSEÑANZAS PROVEEN UNA GRAN BASE ESPIRITUAL:

- No he exagerado mis palabras al hablar.
- No he evocado el mal
- No he usado malos pensamientos, palabras ni hechos.
- No he contaminado el agua.
- No he hablado con enojo ni con arrogancia.
- No he maldecido a nadie en pensamiento, palabra, o hecho.
- No me he puesto en un pedestal.
- No he robado lo que es de dios o diosa.
- No le he robado ni he faltado el respeto al difunto.
- No he tomado comida de un niño.
- No he actuado con insolencia.
- No he destruido propiedad de dios o diosa.

¿Cómo perdimos estas enseñanzas?

- El cambio de liderazgo y adoración de Amón al monoteísmo de Akhenaten debilitó el Imperio Kemético para luego ser conquistado.
- La esclavitud racial y la supremacía blanca se insertaron en el judaísmo, el cristianismo, y el islam.
- La esclavitud no existía en MAAT.
- A través del colonialismo.
- Por mala educación.

¿POR QUÉ LOS HOMBRES NEGROS LUCHAN CONTRA LOS ESTEREOTIPOS NEGATIVOS?

- ¿Sentimientos de debilidad?
- ¿Sensación de irresponsabilidad?
- ¿Otros sentimientos negativos?

La esclavitud y la carta de Willie Lynch

• Esta infame carta describe el pensamiento que prevaleció durante la esclavitud en Estados Unidos y en todo el mundo.

• Describe cómo los esclavos debían ser "quebrantados, coaccionados y condicionados".

Willie Lynch

- Los dueños de esclavos deben desarrollar una forma de "quebrantar el espíritu" de los esclavos.
- Había tres componentes en este plan
- Miedo
- Desconfianza
- Envidia

Estrategia Lynch no. 1:
Crear división

- Piel clara contra piel oscura.
- Sirvientes blancos (clase trabajadora) contra todos los esclavos negros.
- Viejo vs. joven
- Hombre vs. mujer
- Negro del campo vs. negro doméstico
- Al final, todos deben amar, respetar y confiar solo en el amo blanco.

Estrategia Lynch no. 2: Quebrantamiento

- Para domar un caballo hay que reducirlo de su estado natural en la naturaleza.
- Deben crear una situación en la que sean dependientes en lugar de independientes.
- Deben referirse a ellos por un nombre no humano – como en la palabra "n".
- Deben tomar su mente, pero mantener su cuerpo.

"Rompiendo/Acondicionamiento"

- Enfóquese primero en las mujeres y los niños.
- Naturalmente una madre protegerá a sus hijos.
- Una madre entrenará a sus hijos para que se comporten de una manera que garantice su longevidad.

"ROMPIENDO/ACONDICIONAMIENTO"

- Toma al esclavo más inquieto y reúne a los demás para que observen.
- Desnúdalo.
- Cúbrelo con alquitrán y plumas
- Préndele en fuego.
- Golpéalo.
- No lo mates.
- Esto causará terror en los corazones de los que observan.

"Rompiendo/Acondicionamiento"

- Una madre no quiere que sus hijos sean los próximos a ser torturados de esta manera.
- Deben probar constantemente a las hembras para asegurarse de que se someterán a todas las demandas de los propietarios.
- Deben enseñar a las esclavas a desconfiar de los esclavos masculinos; deben criar a sus hijos solas.

"Rompiendo/Acondicionamiento"

- La esclava criará a sus hijos para que sean físicamente fuertes, pero mentalmente débiles y dependientes (por razones de seguridad).
- Sus hijas serán criadas para hacer lo mismo que ella está haciendo.
- Las esclavas que no se someten deben ser golpeadas casi hasta la muerte (no las maten porque son una inversión).
- Asegúrese de mantener los esclavos masculinos lejos de sus descendientes y de su pareja.

"ROMPIENDO"

- Nunca permitan que los esclavos se casen o formen una unidad familiar firme.
- Siéntanse libres de aparearse con esclavas para agregar "buena sangre blanca" a su descendencia.

"Rompiendo"

- Creen un nuevo lenguaje: es importante que los esclavos negros sigan siendo extranjeros en esta tierra.
- Enséñenle a "hablar negro" para que si alguna vez escapan no logren tener éxito en el mundo.
- La sociedad valora a los que hablan bien.

Estrategia Lynch no. 3: Sistema de recompensas

- Hagan que el amo/supervisor le dé al esclavo todo lo que necesita para sobrevivir.
- Creen una jerarquía de esclavos basada en el cumplimiento con la cultura esclavista.
- Distribuya recompensas/castigos a aquellos que cumplen versus aquellos que no cumplen con las expectativas.

SISTEMA DE RECOMPENSAS

- Tener esclavos dispuestos a ir en contra de la natu raleza humana para recibir recompensas.
- Todas las decisiones que se toman las toma el amo/su pervisor.
- La autoridad del amo/supervisor, es superior a la de los padres de un esclavo.
- Divida las familias según sea necesario.

¿QUÉ ERA "LOS DIEZ PEQUEÑOS NEGROS"?

• Una canción infantil racista utilizada históricamente en Inglaterra para enseñar a los niños a contar.

Diez "negritos" salieron a cenar; uno se ahogó y luego quedaron nueve.

Nueve "negritos" se quedaron despiertos hasta muy tarde; uno se quedó dormido y luego quedaron ocho.

Ocho "negritos" fueron a Devon; uno dijo que se quedaría allí y luego quedaron siete.

Siete "negritos" cortando ramas; uno se cortó por mitad y luego quedaron seis.

Seis "negritos" jugando alrededor de una colmena; un abejorro picó a uno y luego quedaron cinco.

Cinco "negritos" fueron por las leyes; un entró en la corte Chancery, y luego quedaron cuatro.

Cuatro "negritos" salieron al mar; un arenque rojo se tragó uno y luego quedaron tres.

Tres "negritos" paseando por el zoológico; un oso grande abrazó a uno, y luego quedaron dos.

Dos "negritos" sentados al sol; uno se encrespó y quedó uno.

Un "negrito" que vive solo; se casó y luego no hubo ninguno.

Es por eso que nunca debemos usar esta palabra "Nigger", ya que se usó contra los negros de manera negativa durante muchas generaciones.

¿CÓMO ROMPEMOS CON LA HISTORIA QUE TODAVÍA NOS AFECTA HOY, PARA CONVERTIRNOS EN UN HOMBRE NEGRO EXITOSO?

Debemos emanciparnos de la esclavitud mental.

"Nos vamos a emancipar de la esclavitud mental, porque aunque otros pueden liberar el cuerpo, nadie más que nosotros puede liberar la mente. La mente es nuestro único gobernante; soberano."
-*Marcus Garvey*-

Sigan las enseñanzas originales de Maat y los 10 mandamientos

¿Cuáles son los 10 mandamientos?

• No tendrás otros dioses antes que Yo.

• No te harás una imagen tallada, que asemeje cualquier cosa que esté arriba en el cielo o abajo en la tierra o que esté en el agua debajo de la tierra; no te inclinarás ante ellos ni le servirás.

• No tomarás el nombre del Señor tu Dios en vano.

• Acuérdate del día de reposo para santificarlo. Seis días trabajarás y harás todo tu trabajo, pero el séptimo día es el día de reposo del Señor tu Dios. Por tanto, el Señor bendijo el día de reposo y lo santificó.

• Honra a tu padre y a tu madre, para que tus días se alarguen en la tierra que el Señor tu Dios te da.

• No matarás.

• No cometerás adulterio.

• No robarás.

• No darás falso testimonio contra tu prójimo.

• No codiciarás la casa de tu prójimo; no codiciarás la mujer de tu prójimo.

CUIDADO CON EL PRIMER MANDAMIENTO

- "Yo soy el Señor tu Dios, no tendrás dioses extraños delante de mí".
- Este mandamiento excluye el politeísmo, la creencia en muchos dioses, insistiendo en cambio en el monoteísmo, la creencia en un solo Dios.
- Este mandamiento desconecta a los hombres y mujeres negros de la imagen y adoración del dios Ausar y la diosa Auset de las grandes civili zaciones africanas y de la deidad femenina de MAAT cuyas leyes nos gobernaron y elevaron y respetaban a las mujeres.

¿Quiénes son algunos de los dioses de quienes aprendimos en el antiguo Kemet y Kush?

Ausar

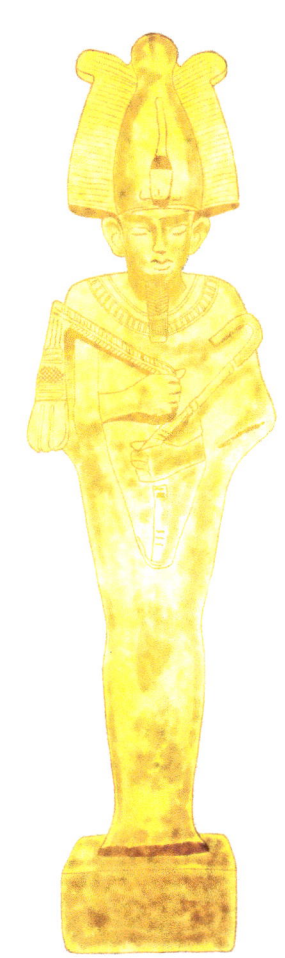

Ausar fue una de las deidades más importantes de Egipto. También simbolizaba la muerte, la resurrección y el ciclo de las inundaciones del Nilo en el que Kemet dependía para la fertilidad agrícola.

Según el mito, Osiris (nombre griego de Ausar) era un rey de Egipto que fue asesinado y descuartizado por su hermano Seth. Su esposa, Isis (nombre griego de Auset), volvió a montar su cuerpo y lo resucitó, lo que les permitió concebir un hijo, el dios Horus (nombre griego de Heru).

AUSET

Auset amamantando a Horus, al lado de Ausar

Como la esposa devota que resucitó a Osiris después de su asesinato y crió a su hijo Horus, Isis encarnó las virtudes tradicionales egipcias de una esposa y madre. Como esposa del dios, se cree que sus representaciones con el niño Horus influyeron en la imaginería cristiana de María con el niño Jesús.

Heru

Representado como un halcón o como un hombre con cabeza de halcón, Heru era un dios del cielo asociado con la guerra y la caza. También era la encarnación de la realeza divina y, en algunas épocas, se consideraba que el rey reinante era una manifestación de Heru.

Según la historia de Ausar, Heru era el hijo de Auset y Ausar, concebido mágicamente después del asesinato de Ausar por su hermano Seth. Heru fue criado para vengar el asesinato de su padre.

49

PTAH

Ptah era la cabeza de una tríada de dioses adorados en Memphis. Los otros dos miembros del triángulo eran la esposa de Ptah, la diosa con cabeza de león Sekhmet y el dios Nefertem, quien pudo haber sido el hijo de la pareja.

Originalmente, Ptah parece haber sido asociado con artesanos y constructores. El arquitecto de la IV dinastía Imhotep fue deificado después de su muerte como hijo de Ptah.

El dios del sol Re (Ra), uno de los dioses creadores del antiguo Egipto.

Una de las varias deidades asociadas con el sol, el dios Ra generalmente se representaba con un cuerpo humano y la cabeza de un halcón. Se creía que navegaba por el cielo en un bote todos los días y luego hacía un pasaje por el inframundo cada noche, durante el cual tenía que derrotar al dios serpiente Apofis para poder volver a resucitar.

La diosa Hathor generalmente se representaba como una mujer con orejas de vaca. Hathor encarnaba la maternidad y la fertilidad y se creía que protegía a las mujeres durante el parto. También tuvo un importante aspecto funerario, siendo conocida como "la dama de occidente". (Las tumbas se construyeron generalmente en la orilla occidental del Nilo.) En algunas tradiciones, ella da la bienvenida al sol poniente todas las noches; las personas vivas esperaban ser recibidas en la otra vida de la misma manera.

Anubis

Anubis pesando el alma del escriba Ani

Anubis estaba a cargo de las prácticas funerarias y el cuidado de los muertos. Por lo general, se representaba como un chacal o como un hombre con cabeza de chacal. La asociación de los chacales con la muerte y los funerales probablemente surgió porque los egipcios habrían observado a los chacales escarbando en busca de comida en los cementerios.

Thoth

Thoth, el dios de la escritura y la sabiduría, podría representarse en forma de babuino o ibis sagrado o como un hombre con cabeza de ibis. Se creía que había inventado el lenguaje y la escritura jeroglífica y que había servido como escriba y consejero de los dioses. Como dios de la sabiduría, se decía que Thoth poseía conocimientos de magia y secretos que no estaban al alcance de los demás dioses.

Amón

Amón fue adorado localmente en la ciudad sureña de Tebas. Amón era un dios del aire y el nombre probablemente significa "el que está oculto". Por lo general, se lo representaba como un hombre que llevaba una corona con dos plumas verticales.

Después de que los gobernantes de Tebas se rebelaron contra una dinastía de gobernantes extranjeros conocida como los hicsos y restablecieron el dominio egipcio a través de Egipto, Amón recibió crédito por su victoria. De una forma fusionado con el dios del sol Ra, se convirtió en la deidad más poderosa de Egipto, una posición que mantuvo durante la mayor parte del Reino Nuevo.

Hoy en día, el enorme complejo de templos dedicado a Amón-Re en Karnak es uno de los monumentos más visitados de Egipto.

¿POR QUÈ ES IMPORTANTE SEGUIR MAAT Y LOS 10 MANDAMIENTOS?

• Si todos siguieran estas enseñanzas, las cárceles estarían vacías y la gente viviría con tranquilidad.

¿Por qué es importante buscar educación, conocimientos y destrezas?

- Un hombre negro se enorgullece de buscar conocimiento y educación, aun si no tiene mucho para empezar.
- Que no le guste ser ignorante y pensar que está bien ser analfabeta y saber cómo driblear una pelota de baloncesto solo. También aprenda el proceso para poseer una franquicia de baloncesto.
- El hombre negro quiere que lo tomen en serio la mayor parte del tiempo; no sienta la necesidad de que le paguen por ser un payaso.
- Siga su pasión y sea lo mejor que usted pueda y trate de mejorar su oficio y habilidad todos los días. Manténgase al día con los avances y la innovación y trate de hacer contribuciones únicas.

Enséñeles cuando son jóvenes, comience en casa con quiénes son y críelos con el conocimiento de sí mismos.
-MALCOLM X-

¿Por qué es importante generar riqueza? ¿Ser dueño de tu propio negocio? ¿Invertir?

• Un hombre negro ahorra e invierte dinero para generar riqueza para su familia, incluso podría comenzar su propio negocio. No se jacta de como gastó $ 1,000 en el club anoche y no se le ve tirando dinero al aire. No viva de cheque a cheque.

• Un hombre negro busca ser financieramente fuerte e independiente para poder ser un buen proveedor. No gaste su dinero tan pronto como lo obtiene. No le deje solo deudas para sus hijos. Deje a sus hijos un legado.

• Cree una cuenta de ahorros, invierta en la apreciación de capital como en una casa y bienes raíces.

• Invierta regularmente en fondos indexados (índice) de acciones de ETF o fondos de bonos con un promedio de costo en dólares para crear riqueza para su retiro.

Apoya a las empresas negras en tu comunidad

• Un hombre negro apoya a las empresas de propiedad negra para que puedan generar empleos para otras personas negras.

• No crea que los negocios negros son de segunda categoría y no gaste todo su dinero en artículos materiales costosos que deprecian con el tiempo.

• Recientemente, se gastaron 2,000 millones de dólares en Air Jordan.

• Invierta en usted mismo con educación y e invierta activos que aprecian como una casa y bienes raíces debidamente valorados.

¡POR ESTO LOS NEGROS NO TIENEN PODER!

¡ESTO NO ES BLACK POWER!

¡ESTO ES!

NEGOCIOS PROPIEDAD DE NEGROS

¡Cosas que debes intentar hacer!

- Gradúese de la escuela secundaria / universidad / escuela profesional ya que esto conduce a menos de sempleo y mayor riqueza.

- Las personas con títulos tienen más probabil idades de tener dinero para vivir y disfrutar la vida

¡Cosas que debes intentar hacer!

- Cásese después de conocer a su posible cónyuge durante 3 años.
- Esto asegurará que se conozcan verdaderamente y proporcionará una base sólida para una vida juntos.
- No tenga hijos hasta que esté casado.
- Trate de no divorciarse.
- Divorciarse significa que podría perder la mitad de sus bienes y perder el acceso a sus hijos.

Tanto el matrimonio como la educación son muy eficaces en reducir la pobreza infantil en los Estados Unidos.

Apoye a su familia e hijos

- Un hombre negro cuida a sus hijos, brindándoles el amor, la guía y el apoyo que necesitan.
- No abandone a sus hijos.
- Planifique el futuro y la educación de sus hijos.
- Tenga una póliza de seguro de vida para sus hijos.
- Inicie una cuenta de ahorros educativos 529K.
- Inicie un Roth 401K.

¡No consuma drogas!

Las consecuencias del abuso de sustancias incluyen:

- Adicción, estilos de vida y comportamientos poco saludables.
- Funcionamiento social y profesional deteriorado.
- Problemas legales.
- Pérdidas financieras.
- Potencial de actividad delictiva y encarcelamiento.
- Potential for criminal activity and incarceration.

EVITE EL ENCARCELAMIENTO

• Un hombre negro vive un estilo de vida productivo y evita el encarcelamiento.

• El encarcelamiento conduce a más dificultades en el empleo. Si está encarcelado, use esta experiencia como una oportunidad de redención y una oportunidad para ayudar a otros jóvenes a aprender de sus errores.

• Ir a la cárcel no es una insignia de honor.

• Aprenda de sus errores.

• No haga que sus padres se arruinen pagando miles de dólares para sacarlo de la cárcel por hacer algo que no debió haber hecho.

EVITE EL ENCARCELAMIENTO

- Los negros reciben sentencias de prisión un 10% más largas que los blancos.
- El 13% de los hombres afroamericanos no pueden votar porque tienen una condena por delito grave.
- Después de la prisión, el crecimiento salarial es un 21% más bajo para los negros en comparación con los blancos.

EVITE EL ENCARCELAMIENTO

FIGURA 10:

Efecto del encarcelamiento de menores en la probabilidad de graduación de la escuela secundaria y encarcelamiento de adulto.

El encarcelamiento de menores reduce la probabilidad de graduarse de la escuela secundaria en más de 13 puntos porcentuales y aumenta la probabilidad de regresar a prisión como adulto en más de 22 puntos porcentuales, en comparación con los delincuentes juveniles no detenidos.

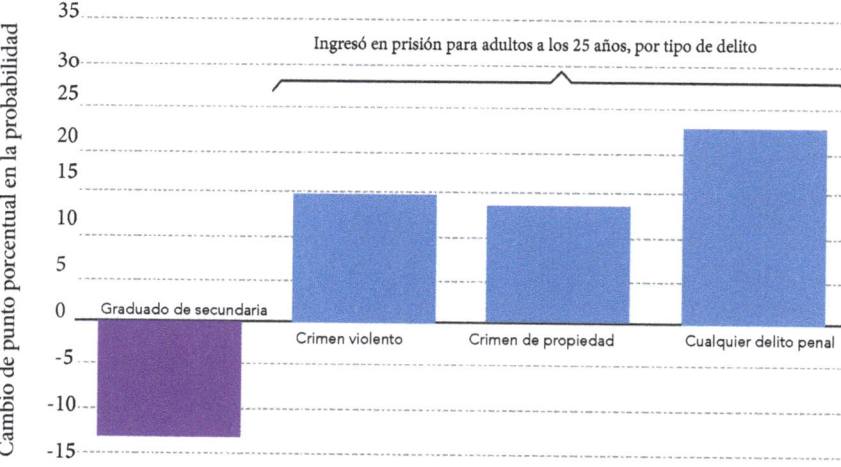

Fuente: Alzer and Doyle 2013.
Nota: Las barras muestran una estimación de regresión estadísticamente significativa del efecto causal del encarcelamiento de menores al finalizar la escuela secundaria y sobre la reincidencia de adultos.

66

EVITE EL ENCARCELAMIENTO

• Un historial criminal puede reducir la probabilidad de una devolución de llamada o una oferta de trabajo en casi un 50 por ciento. El impacto negativo de los antecedentes penales es dos veces mayor para los solicitantes afroamericanos.

• Las enfermedades infecciosas están muy concentradas en los establecimientos penitenciarios: El 15% de los reclusos y el 22% de los presos, en comparación con el 5% de la población en general, informaron haber tenido alguna vez tuberculosis, hepatitis B y C, VIH vs SIDA u otras enfermedades de transmisión sexual.

RESPETE A LAS MUJERES Y A SU MADRE

- Un hombre negro es disciplinado sobre sus elecciones sexuales.
- Es natural que le gusten las mujeres.
- Un hombre de verdad respeta a las mujeres.
- No tenga una bandada de mujeres.
- Conozca su estado de VIH.

-Malcolm X para citar-

"EL HOMBRE NEGRO NUNCA OBTENDRÁ EL RESPETO DE NADIE HASTA QUE APRENDA A RESPETAR A SUS PROPIAS MUJERES"

Boom. Pero, sobre todo, es necesario crear ese entorno para ser respetado.

Aprenda de sus errores

- Un hombre negro, a pesar de sus errores, busca crecer como persona y volverse más responsable.
- No viva en el sótano de tu madre y asuma que otra persona se hará cargo de sus hijos.
- No juegue videojuegos en el sofá de la sala hasta que tenga 40 años.

PROTEJA LEGALMENTE A SU COMUNIDAD

- Un hombre negro está dispuesto a tomar las armas para defender a su comunidad y proteger a sus hijos.
- No tome las armas para matar a otro hombre negro.
- No pelee por algo estúpido, como que un hombre te pise los zapatos en el club o te mire de manera extraña.

Tome una posición contra el racismo

- Un hombre negro es, simplemente, un HOMBRE:
- Tome una posición contra el racismo, proteja a tu familia y comunidad.
- No se quede callado y piense que el hombre negro que acabo de describir está "actuando como blanco".

¡Vivimos en un mundo capitalista!

• Ser propietario de un negocio, propietario de un terreno o propietario de una casa lo hace más exitoso.

• Es posible que ser trabajador e inquilino no lo haga tan exitoso a menos que posea un conjunto de destrezas deseables.

INTENTE EVITAR A LA POLICÍA Y SIGUE SUS ÓRDENES PARA SOBREVIVIR EL ENCUENTRO

CANCIÒN DE CUNA, PARTE DOS PARA LA SUPERVIVENCIA POR UN MENTOR MÌO

Dr. Gerald Deas

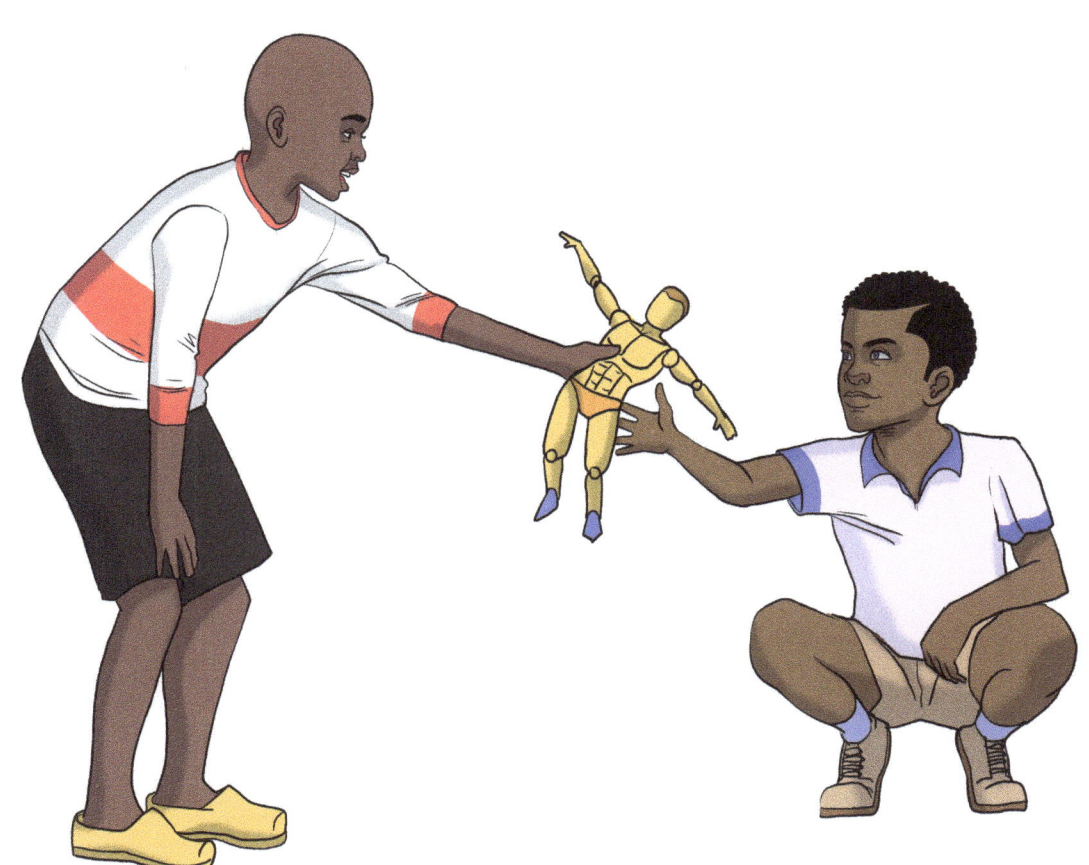

• Un niño negro fue amado y creció; compartió con otro y luego fueron DOS.

• Dos niños negros aprendieron a ponerse de acuerdo; con la ayuda del otro, luego fueron TRES.

• Tres adolescentes negros aprendieron a hacer
aún más; levantaron a uno que había caído y luego
fueron CUATRO.

• Cuatro jóvenes negros aprendieron a sobrevivir; se unieron a otro y luego fueron CINCO.

• Cinco jóvenes negros construyeron con mortero y ladrillos; animaron a otro constructor, y luego hubo SEIS.

• Seis hermanos negros distinguieron el cielo del infierno; dieron vuelta a otro hermano y luego fueron SIETE.

• Siete estudiantes negros aprendieron a no llegar nunca tarde; un hermano serio los siguió y eran OCHO.

• Ocho hombres negros se hicieron fuertes con el tiempo; entrelazaron sus brazos con otro, y luego fueron NUEVE.

• Nueve niños negros se convirtieron en hombres fuertes; buscaron un líder, y luego hubo DIEZ.

• Diez niños negros son solo unos pocos:

¡SER HOMBRES Y MUJERES FUERTES DEPENDE
DE USTED!

¡GRACIAS POR TU TIEMPO Y APOYO!

Esta es la primera edición. Si tiene ideas o comentarios para mejorar este libro, me encantaría saber de usted y puede enviarme un correo electrónico a dlarochemed@aol.com

Si le gustó este libro y le gustaría patrocinar copias para distribuirle a otros jóvenes, por favor envíe su contribución vía PayPal a dlarochemd@aol.com. Gracias.

LECTURA ADICIONAL SUGERIDA

- Blacks in Science: Ancient and Modern, por Ivan Van Sertima
- Christopher Columbus and the Afrikan Holocaust: Slavery and the Rise of European Capitalism, por Dr. John Henrik Clarke
- The Teachings of Ptahhotep: The Oldest Book in the World, por Dr. Asa G. Hilliard III, Larry Williams
- Marcus Garvey and the Vision of Africa, por Dr. John Henrik Clarke
- They Came Before Columbus: The African Presence in Ancient America (Journal of African Civilization), por Ivan Van Sertima
- 7 Little White Lies: The Conspiracy to Destroy the Black Self-Image, por Mr. Jabari G. Osaze
- The Isis Papers: The Keys to the Colors, by Dr. Frances Cress Welsing
- Chronicle of the Pharaohs: The Reign-By-Reign Record of the Rulers and Dynasties of Ancient Egypt with 350 Illustrations 130 in Color, por Peter A. Clayton
- Philosophy and Opinions of Marcus Garvey, por Marcus Garvey
- The Autobiography of Malcolm X, por Alex Haley y Malcolm X

PREGUNTAS DE DISCUSIÒN

1. Después de leer este libro, ¿cómo siente que navegará por la vida de manera diferente?
2. Si ocasionalmente usa la palabra N, ¿cómo se siente sobre usarla después de leer este libro?
3. ¿Ha cambiado su sentido de autoestima después de leer este libro? Si es así, ¿cómo?
4. ¿Cómo se comparan los Principios Divinos de MAAT con los Diez Mandamientos? ¿Cuáles son sus pensamientos sobre sus similitudes?
5. ¿Qué puedes hacer hoy para cambiar los estereotipos negativos de los hombres negros?
6. ¿Cuáles han sido algunos de los impactos residuales de la esclavitud en los hombres negros hoy en día?
7. ¿Cómo va a aprovechar las lecciones aprendidas en este libro en su comunidad?
8. ¿Tiene una idea para un negocio que podría generar riqueza en la comunidad negra? Si es así, por favor comparta. ¿Qué recursos cree que necesitará para iniciar su negocio?
9. ¿Qué papel cree que jugará la educación en cambiar la trayectoria de los hombres negros?
10. Ahora que se está legalizando la marihuana, ¿cómo cree que afectará su uso no médico a la comunidad negra? ¿Ves esto como una oportunidad o simplemente como otra forma para que otro grupo de personas se aproveche de la comunidad negra?
11. ¿Tiene un amigo con el que le gustaría compartir este libro? Si es así, ¿por qué?